# Observando el ayuno y celebrando Naw-Rúz alrededor del mundo

Escrito e ilustrado por
Melissa López Charepoo

Dedicado con amor a

Maxwell y Paul

Texto e ilustraciones

© 2017 Melissa López Charepoo

Primera edición publicada en 2017. Reimpresión 2026.

ISBN 978-1-971750-12-5  (tapa blanda)

"¡Oh Pluma del Altísimo!
Di: ¡Oh pueblo del mundo! Os hemos prescrito
ayunar durante un breve período, y a su término os hemos
designado Naw-Rúz como una fiesta. Así ha resplandecido el
Sol de la Expresión sobre el horizonte del Libro, como ha sido decretado
por Quien es el Señor del principio y del fin. Que los días sobrantes de los
meses se coloquen antes del mes de ayuno. Hemos ordenado que éstos,
entre todos los días y las noches, sean las manifestaciones de la letra Há,
y por ello no quedan sujetos a los límites del año y sus meses. Incumbe
al pueblo de Bahá, en el transcurso de estos días, disponer buena mesa para
sí mismos, sus parientes y, además de ellos, para los pobres y necesitados,
y con regocijo y exultación loar y glorificar a su Señor, cantar Su alabanza
y magnificar Su Nombre. Y cuando finalicen estos días de generosidad que
preceden al tiempo de comedimiento, que entren en el ayuno. Así lo ha
ordenado Quien es el Señor de toda la humanidad. El viajero, el
enfermo, la mujer encinta y la que amamanta no están obligados
a ayunar. Dios, como muestra de Su gracia, los ha eximido.
Él es, en verdad, el Omnipotente, el Más Generoso."

-Bahá'u'lláh, El Kitáb-i-Aqdas

Los días de Ayyám-i-Há han concluido. Alrededor del mundo, nuestros corazones están llenos de alegría, regocijo y exultación. Para aquellos en la edad de madurez lo próximo es el ayuno, abstenerse de comida y bebida desde el amanecer hasta el atardecer es tiempo de comedimiento físico y espiritual.

19 días de ayuno en el mes de 'Alá',
19 días en el último mes del calendario badí',
19 días antes de que sea tiempo para la renovación,
19 días antes de que sea el año nuevo, Naw-Rúz.

Los niños estamos exentos de ayunar.

Nos preparamos para hacerlo algún día, cuando alcancemos

la edad de la madurez a los 15 años de edad.

En obediencia a las leyes de Bahá'u'lláh,

por el progreso de nuestra alma y la fortaleza de nuestra fe.

19 días de ayuno para los que no están exentos,

19 días para mujeres y hombres saludables,

19 días para las personas mayores de 15 años,

19 días para las personas menores de 70 años.

El ayuno es físico y espiritual.

Aumenta nuestro amor por Dios.

El ayuno y la oracion obligatoria son como el sol y la luna,

los dos pilares de la Ley de Dios.

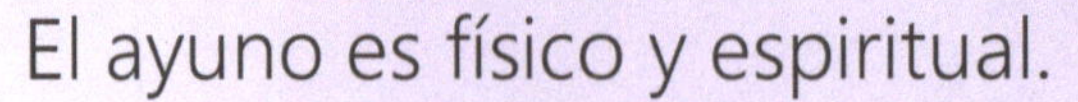

19 días de ayuno para purificar nuestros corazones,

19 días de recuperación espiritual,

19 días de beneficios innumerables,

19 días que elevan nuestro espíritu.

Al amanecer y al atardecer,

apoyamos a nuestros familiares y amigos que ayunan.

Ayudando en todo lo que podemos,

recitando hermosas oraciones con alegría y deleite.

19 días de ayuno, oración y meditación,

19 días para recordar al pobre,

19 días para introspección,

19 días que nos brindan bondad y tranquilidad.

Así como el año va culminando, también lo hace el ayuno.

El mundo está lleno de un nuevo espíritu.

La humanidad esta agradecida a Dios por este periodo de reflexión.

El equinoccio ha tomado lugar. ¡Ha llegado el día de Naw-Rúz!

El ayuno ha concluido, es Naw-Rúz.

El equinoccio ha tomado lugar, es Naw-Rúz.

El primer día en el calendario badí', es Naw-Rúz.

El primer día en el mes de Bahá. ¡Es Naw-Rúz!

Честит Ноу-Руз
(Chestit Naw-Rúz)
búlgaro, Bulgaria

መልካም ናውሩዝ
(Melikami Naw-Rúz)
am hárico, Etiopía

Happy Naw-Rúz
inglés, Belice

Tausaga Fou Fiafia
samoano, Samoa

ノールーズ おめで
(Naw-Rúz Omedetou)
japonés, Japón

Feliz Naw-Rúz
portugués, Brasil

En el planeta Tierra, cuando los jardines florecen y las hojas caen,
la naturaleza nos recuerda de la misericordia de Dios.
Él brinda a la humanidad un nuevo día, un nuevo año
para vivir en armonía, unidad y amor.

Un nuevo día, es Naw-Rúz.

Un día para renovar nuestro espíritu, es Naw-Rúz.

El principio del año, es Naw-Rúz.

Una fiesta para nuestra alma. ¡Es Naw-Rúz!

Feliz Naw-Rúz
español, Bolivia

Happy Naw-Rúz
inglés, Australia

Glad Naw-Rúz
sueco, Suecia

نوروز مبارك    عيد نوروز مبارك
(Eieed Naw-Rúz Mubarakh)
árabe, Jordania

Joyeux Naw-Rúz
francés, Congo

# Felice Naw-Rúz

Con espíritu festivo, niños como tú y yo,

celebramos con nuestras familias y amigos,

en nuestras comunidades y con nuestros vecinos.

¡Te enviamos amorosos saludos desde cada rincón

del mundo en Naw-Rúz!

Un día para observar, es Naw-Rúz.

Una celebración para todos, es Naw-Rúz.

El mes de comedimiento ha concluido

con un festival para todos.

¡Que alegría, es el día de Naw-Rúz!

¡Te deseamos un

Feliz
Naw-Rúz

Si desea conocer más acerca de la Fe Bahá'í, por favor visite:

# www.bahai.org

Referencias:

Bahá'u'lláh, El Kitáb-i-Aqdas

Bahá'u'lláh; Oraciones y Meditaciones

Varios; Oraciones Bahá'ís: Selección de oraciones reveladas por Bahá'u'lláh, El Báb, y 'Abdu'l-Bahá

J. E. Esslemont; Bahá'u'lláh y la Nueva Era

Bahá'u'lláh y 'Abdu'l-Bahá; La importancia de la oración obligatoria y el ayuno

Agradecimientos:

A mi querido esposo Darioush Charepoo por todo su apoyo.

A Leanna Guillén Mora por la edición del libro en inglés, lectura de prueba y prueba de imágenes.

A Sophia Wood por compartir su conocimiento sobre la escritura
y publicación de libros y ayudar con lectura de prueba inglés.

A Thomas Kavelin, Varya Sanina-Garmroud, Nilmari Donate, Marcela Lemus, and
Rachel Anderson por ayudar con las lecturas de prueba.

A Elegna Rodríguez and Nilmari Donate por ayudar con las pruebas de imágenes.

A Irina Kashefi, Tayechalem Moges, Hidenori Kubo, Zhena Kavelin, Tulua Smith, Carole Hitti,
Shahryar Varahramyan, Neguin Malkin, Iman Sioushansian y demás contribuidores por ayudar con la
traducción de "Feliz Naw-Rúz" en diferentes lenguajes.

9 781971 750125